30 BERÜHMTE STÄDTE

Reise um die Welt

zu den spannendsten
Städten!

LONDON

Es regnet mal wieder … keine Überraschung für echte Londoner! Niemand verlässt das Haus ohne *Hut*, *Mütze* oder *Schirm*. Das glaubst du nicht? Dann schau dir *Sherlock Holmes*, die *Palastwache* oder sogar *Königin Elisabeth II.* an! Aber selbst wenn du nass wirst, macht das nichts: Wärm dich beim gemütlichen *Fünf-Uhr-Tee* auf.

London Eye
Zeitung The Times
The Times
Grauhörnchen
Hyde Park
10 Downing Street
10
Francis Drakes Schiff
Regenmantel
Rote Telefonzelle
TELEPHONE
Ställe von Wimbledon
Wimbledon-Tennisturnier
Cricket
Gummistiefel
Westminster Abbey
Fish and Chips
Fünf-Uhr-Tee
Schottische Eier
Cookies
St. Paul's Cathedral
Londoner Pie
Tower Bridge
THE TUBE
London Underground

Vincents Sternennacht
Piet Mondrian
Pfannkuchenboot
Mädchen mit dem Perlenohrring
Vincent van Gogh
Street Art
Schifffahrts-museum
Anne Frank
Filmmuseum EYE
Muiderslot (Burg)
Anne-Frank-Haus
Rijksmuseum
Torensluis-Brücke
Tulpen-festival
Jordaan (Viertel)
Grachten
Fahrräder

AMSTERDAM

Über *Brücken*, *Kanäle* und noch weiter? In Amsterdam kannst du mit voller Kraft in die Pedale deines *Fahrrads* treten, blühende *Tulpen* bestaunen und unterwegs den Wind in den Haaren und das Möwengeschrei genießen. Und vergiss nicht, das Museum für den berühmten Maler *van Gogh* zu besuchen, dem Sonnenblumen immer lieber waren als die typischen Tulpen!

Albert Einstein
David Bowie
Bier
Hopfen
Königsberger Klopse
Berliner Fernsehturm
Berliner Philharmoniker
Currywurst
Museumsinsel
Brezel
East Side Gallery
Gendarmenmarkt
Militär-historisches Museum
Spree
Berliner Dom
Tempelhofer Feld
Bärenwappen
Wildschweine
Siegessäulle
Eisbären
Biergärten

BERLIN

Beiß in eine knusprige *Brezel,* während du an der *Berliner Mauer* entlanggehst: Der graue Beton teilte Berlin früher einmal in zwei Hälften. Zum Glück ist Berlin heute wieder eine vereinte Stadt. Sie bietet Platz für einfach alles – auch für die *Philharmoniker* (mit 128 Menschen das größte Orchester der Welt), die Spuren des berühmten Physikers *Albert Einstein* und sogar für das eine oder andere *Wildschwein.*

Pantomime
Die ersten Ballons
Jules Verne
Invalidendom
Eiffelturm
Katzen
Arc de Triomphe
Champs-Élysées
Platanen
Pfingstrosen
Stethoskop
Puppen-theater
Boulangerien
Spielzeug-Segelboote
Magnolien
Métro-eingänge
METROPOLITAIN
Belegte Baguettes
Jardin du Palais-Royal
Käse
Croissants
Edgar Degas' Ballerinas
Schnecken
Macarons
Claude Monet
Straßenmaler
Mona Lisa
Louvre
Pétanque spielen

PARIS

Der Duft von frisch geröstetem *Kaffee*, luxuriösem *Parfum* und zarten *Pfingstrosen* liegt in der Luft … Willkommen in Paris, Stadt der *Mode* und der Kunst! Kauf dir etwas Schickes oder lass dich zum Schnäppchenpreis von einem *Maler* porträtieren. Und wenn dich dein Spaziergang in den *Louvre* führt, dann begrüße auch die *Mona Lisa*, eine bezaubernde gemalte Dame, die dir geheimnisvoll zulächeln wird. Oh, Paris! Wer könnte dir widerstehen?

WIEN

Wie es ist, in Wien unterwegs zu sein? Nun, du kannst in einer von einem lebhaften *Lipizzaner* gezogenen *Kutsche* fahren, einen beschwingten *Walzer* ums *Schmetterlingshaus* tanzen und dann in ein *Kaffeehaus* gehen – für ein leckeres Stück *Strudel* oder vielleicht eine schokoladige *Sachertorte*. Wenn du eine Naschkatze bist, ist Wien auf jeden Fall der perfekte Ort für dich!

Lipizzaner
Prater
(Vergnügungspark)
Kaiserliche
Wagenburg
Hundertwasserhaus
Schmetterlingshaus
Schneekugeln
Donauturm
Donau
Schloss Belvedere
Rathaus der
Stadt Wien
Weihnachtsmarkt
Wiener
Weihnachtspunsch
Liebesapfel
Wiener Bonbons
Strudel
Wiener
Melange
Sachertorte
Wiener Schnitzel
Erste vegane
Eiscreme

Goldenes Gässchen
Prager Burg
Veitsdom
Karlsbrücke
Moldau
Alchemist
Václav Havel
Franz Kafka
Bedřich Smetana
Antonín Dvořák
Bootstour
Rindfleisch
Prager Schinken
Bier
Eichhörnchen
Trdelník
Eingelegter Hermelinkäse
Belegte Brote
Marionetten
Karl IV.
Schweinshaxe
Nationalmuseum
Rosen
St.-Wenzels-Denkmal
Gemeindehaus
Pulverturm
SVATÝ VÁCLAVE
Wenzelsplatz

PRAG

Im *Goldenen Gässchen* in der Stadt der hundert *Türme* begegnest du vielen historischen Persönlichkeiten: *Königen*, *Komponisten* und sogar *Alchemisten*. Die erstaunlichste von allen aber ist der *Golem*, eine von Menschenhand geschaffene Figur aus Ton, die angeblich jede Nacht über die *Karlsbrücke* geht. Das Echo seiner Schritte soll sogar bis zum *Petřín-Hügel* zu hören sein!

Petřín-Hügel

Lindenbäume

Vyšehrad

Letná-Park

Žižkov (Fernsehturm)

Golem

Spiegel-Irrgarten Petřín

St. Nikolaus auf der Kleinseite

Altneu-Synagoge

Schloss Troja

Astronomische Rathausuhr

Kopfsteinpflaster

Oldtimer

Jüdischer Friedhof

Lebkuchen-museum

Tanzendes Haus

National-theater

John-Lennon-Mauer

Insel Kampa

ROM

Das uralte Rom bewahrt die heilige Atmosphäre längst vergangener Tage. Das sollte es auch – schließlich war es die Heimat berühmter *Bildhauer* und *Redner* sowie bedeutender Politiker wie *Julius Cäsar*. Und im Vatikan ist der Sitz des *Papstes*. Puh! Zum Glück gibt es heutzutage keine brutalen *Gladiatorenkämpfe* mehr!

Vatikan
Petersdom
Papst Franziskus
Römische Säulen
Park Villa Borghese
Orangengarten
Aquädukt
Petersplatz
Trevi-Brunnen
Forum Romanum
Römische Statuen
Caesar Augustus
Trajanssäule
Kapitolinische Wölfin
Romulus und Remus
Trastevere (Viertel)
Nationaldenkmal Viktor Emanuels II.

ATHEN

Auf den Spuren der alten Griechen geht es durch die Straßen Athens. Wie *Pheidippides*, der berühmte Marathonläufer, laufen wir rasch dreimal die Stufen im *Odeon* hinauf und hinunter. Dann noch ein Slalom um die *Säulen des Parthenon* – natürlich passen wir auf, dass wir dabei nicht stolpern. Aber zur Behandlung eines Knöchelbruchs würde der antike griechische Arzt *Hippokrates* sicherlich die moderne Medizin empfehlen.

Göttin Athene
Akademie von Athen
Parthenon
Ikarus
Olivenbaum der Athene
Hadrians-bibliothek
Kloster Daphni
Karyatiden am Erechtheion
Goldmaske des Agamemnon
Medusa-Mosaik
Zeustempel in Olympia
Archäologisches Nationalmuseum
Pheidippides
START
Marathonlauf
Kithara und Lyra
Hafen von Piräus
Odeon des Herodes Atticus

BARCELONA

Wie schön! Die Straßen Barcelonas umgeben dich mit bemalten *Fliesen*, bunten *Mosaiken* und Wänden, die zu tanzen scheinen. Währenddessen geht es auf den *Fußballfeldern* zur Sache, wo die Profis dem Ball nachjagen und die Fans sie begeistert anfeuern: „Hurra! Hurra! Barcel-o-o-o-na!“ Der ganze Trubel macht richtig hungrig, also macht man sich nach dem Spiel gleich auf, um *Tapas* oder eine Portion *Paella* zu genießen.

Park Güell
Kubismus
Sagrat Cor
Skateboarden
Fußball
Palast der katalanischen Musik
Arc de Triomf
Tapas
Crema Catalana
Paella
Straßen im Viertel El Born
La Boqueria Markt
Casa Milá
La Rambla
Casa Batlló

Piri-Piri-Hühnchen
Ginjinha
Pastéis de Nata
Museu Nacional do Azulejo
Octopus à lagareiro
Muscheln in Weißweinsud
Museu da Filigrana
Caldo verde
Feira da Ladra (Markt)
Kathedrale von Lissabon
Muschelgalerie
Fado-musik
Livraria Bertrand
Mosteiro dos Jerónimos in Belém
Padrão dos Descobrimentos
Sardinen
SARDINES
Vasco da Gama
Palácio dos Marqueses de Fronteira
Bougainvillea
Carcavelos
Praça do Comércio

LISSABON

„Nach Lissabon und dann weiter!“, kommandiert der berühmte Entdecker *Vasco da Gama*. Doch bevor sein Schiff die Küste Lissabons, der westlichsten Hauptstadt Europas, verlässt, deckt er sich noch mit *Sardinen* und *Muscheln* für die lange Seereise ein. Hinter dem *Torre de Belém* hört er den Ruf des weiten Atlantiks. Die *Azulejos* schimmern blau und weiß und treiben ihn voran in Länder, die nur darauf warten, entdeckt zu werden!

Pippi Langstrumpf
Nobelpreis
ALFRED NOBEL
Greta Thunberg
SKOLSTREJK FÖR KLIMATET
Rote Mühle
ABBA
ABBA The Museum
Uferpromenade Strandvägen
Gespenstertour
SkyView
Avicii Arena
Gamla Stan
Rat-haus
Seglora (Holzkirche)
Gröna Lund (Vergnügungspark)
Vasa-Museum
Mälarsee
Üto im Schärengarten
Vikingaliv und Runenstein
Modell von Bullerbü
Skansen (Freilichtmuseum)

STOCKHOLM

Einst unter einem Berg aus Schnee verborgen, wurde dieser Ort zunächst von den wettererprobten *Wikingern* besiedelt. Im Vergleich zu den eisigen Meeren des hohen Nordens schien es hier wohl ziemlich gemütlich. Heute triffst du in Stockholm wahrscheinlich eher auf *Pippi Langstrumpf*. Und vielleicht wirst du auf dem *Mälarsee* Schlittschuh laufen und danach zur *Fika*, einer echt schwedischen Pause, eine Tasse heißen Tee und einen süßen Snack genießen.

Berg Esja
Altstadt
Nordlichter
Friedenssäule
Blaue Lagune
Polarfuchs
Statue von Ingólfur Arnarson
Reykjavíks ältestes Haus
Perlan mit dem Museum der Naturwunder Islands
Björk
Islandpullover
Konzerthaus Harpa
Hallgrímskirkja
Wikingerfigur
Saga Museum
Sun Voyager
Fish and Chips mit Erbsenpüree
Fischsuppe
Lamm
Leuchtturm auf der Insel
Runensteine
Nationalgalerie Islands
Fleischsuppe
Skyr
Eiscreme und Käse
Roggenbrot
Stadtsee Tjörnin
Lakritze
Meerjungfrauenstatue
Insel Viðey
Graugans
Singschwan

REYKJAVÍK

Kuschle dich erstmal in einen warmen *Islandpullover,* bevor du den Spuren des weißen *Polarfuchses* nach Reykjavík in Island folgst. Vor langer Zeit tauchte der Wikinger *Arnarson*, der allererste Bewohner dieser nordischen Stadt, seine müden Füße in die Quelle der *Blauen Lagune*, bevor er verkündete, dass seine Reise nun beendet sei. Aber wer hätte das nicht getan? Lust auf ein *heißes Bad* unter *Polarlichtern*?

KAIRO

Mitten in der trockenen Wüste, wo jeder Tropfen Wasser so wertvoll ist wie 40 *Dromedare*, liegt die antike Stadt Kairo. Hier findet man jahrtausendealte *Pyramiden*, *Sphinxe* mit geheimnisvollem Lächeln und verwirrende *Hieroglyphen*. Kairo ist die Heimat von *Kamelen*, *Eseln* und *Katzen*, sowohl lebendig als auch mumifiziert, und Leuten, die ihre Tage gerne mit *heißen Tees* verschönern!

Al-Hakim-Moschee
Pyramiden von Gizeh
Sphinx
Zitadelle
Al-Azhar-Moschee
Dromedare
Tuk-Tuk
Stadt der Toten
Schisch Kebab
Horus Amulett
Esel
Lotus
Pharao-figuren
Katzen
Ägyptisches Museum
Bab Zuweila (Stadttor)
Fayyum-Oase
Al-Andalus Garten
Fernsehturm Kairo
Nil-Kreuzfahrt

MARRAKESCH

Riechst du die *Gewürze* und den *Pfefferminztee*? Wir sind in Marrakesch. Aber jetzt halte dir bitte die Nase zu: Wir werden gleich den Geruch einer örtlichen *Gerberei* kennenlernen. Die Einheimischen sind zu Recht stolz auf ihre *Lederwaren*, die überall auf der Welt beliebt sind. Staunend erreichen wir den Markt, wo wir auf Zehenspitzen an den *Fakiren* vorbeigehen. Wie wäre es mit einem Besuch bei der *Wahrsagerin*?

Cactus Thiemann
(Kakteengarten)
Marokkanische
Lampen
André Hellers
ANIMA (Garten)
Marokkanische
Messinglampe
Baumskulpturen
in New Town
Dar-Si-Said-
Museum
Pantoffeln
Tajine
Babbouche
Berberteppiche
Bab Agnaou
(Tor)
Marrakeschs Gerbereien
Jardin Majorelle
Medina von
Marrakesch
Färber-
Souk
Zelliges

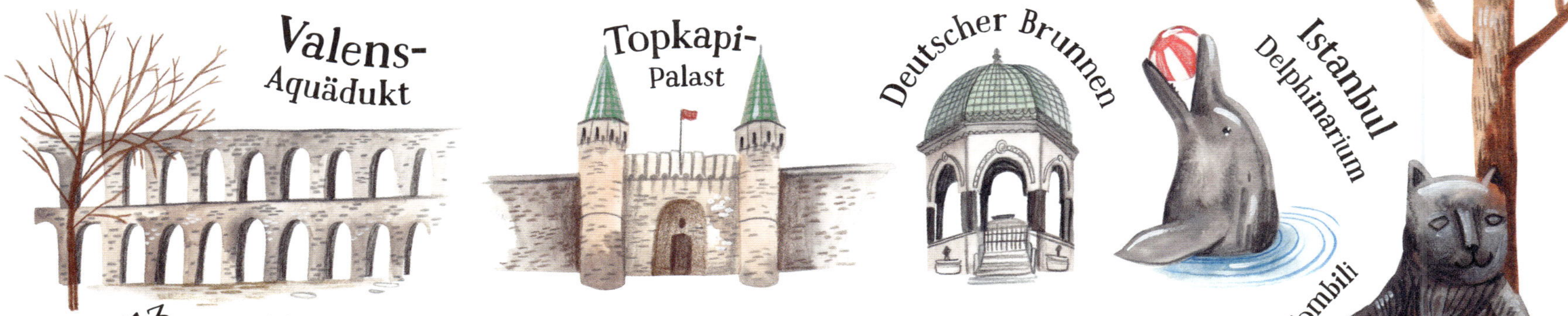

ISTANBUL

Klopf den alten *Perserteppich* aus und nimm Platz – am besten im Schneidersitz. Vielleicht verwandelt er sich in einen fliegenden Teppich, der dich ins weit entfernte Istanbul bringt, die Stadt der Märchen aus Tausendundeiner Nacht, einst Heimat der *Sultane*. Leiste ihnen bei *Röstkastanien* Gesellschaft and träume von all den *Düften des Orients* unter dem silbernen *Halbmond*.

Perser-
teppiche
Rumeli Hisarı
Galata-
Turm
Beyoğlu
(Viertel)
Chora-
Kirche
Hippodrom
Großer
Basar
Basilika St. Antonius
Galatasaray-Tram
Gewürz-
basar
Fliesen in der Rüstem-Pascha-Moschee
Döndurma
(Eiscreme)
Keramik
Byzantinische Kette
Fischmarkt
Türkische Bäder
Kanyon Shopping Mall
Hagia Sophia
Fener und Balat
(Viertel)

JERUSALEM

Wirf einen Blick in den *Felsendom*, einen für Juden, Christen und Muslime gleichermaßen heiligen Ort. Hörst du die gelehrten *Rabbiner* leise aus den *Torahrollen* vorlesen? Bescheidene *Pilger* aus aller Welt gehen wortlos an dir vorbei in Richtung *Klagemauer*, einen geheimen Wunsch auf ihrem Zettel. Diesen stecken sie zwischen die Steine – in der Hoffnung, dass der Wunsch erfüllt wird.

Ölberg
Montefiore
(Windmühle)
Felsendom
Mohnanemone
Pilger
Grabes-
kirche
Grab von
Jesus
Damaskustor
Via
Dolorosa
Hebräische Musik
Gartengrab
Garten
Getsemani
Davids Grab
Gazellen
Biblischer Zoo
Israel-
Museum
Sorek-
Höhle
Yemin Moshe
(Viertel)
Schrein des Buches
Klagemauer
Dormitio-Abtei

Sperlings-
berge
Izmaylovo
(Viertel)
Gorki-
park
Nationalpark
Lossiny Ostrow
Lilien-
garten
Elch
Aleksandrovskiy
Sad
Russisches
Staatsballett
Fabergé-
Eier
Bolschoi-Theater
Tschaikowski
Silene stenophylla
Borschtsch
Blini
Sommerpalast
Kuskowo
Piroggen
Moskauer Metro
Pelmeni
Ponchiki
Spielautomaten-Museum
Basilius-
Kathedrale
Moscow
Mule (Cocktail)
Erlöserkirche
Moskauer
Transport-
museum

MOSKAU

Matroschka für Matroschka entdecken wir die Schätze Moskaus. Und davon gibt es mehr, als du in einem *Fabergé-Ei* finden könntest! Halte Ausschau nach *Orthodoxen Kirchen* mit Kuppeln wie Sahnehäubchen, tanzenden *Ballerinas* und der mutigen Kosmonautenhündin *Laika*.

PEKING

Huh! Hah! Schließe dich den *Kung-Fu*-Kämpfern an der *Chinesischen Mauer* an, die sich durch das ganze Land zieht. In alten Zeiten schützte sie Peking vor Eindringlingen. Im Herzen der Stadt liegt die kaiserliche *Verbotene Stadt*, die man früher nicht betreten durfte. Heutzutage können wir sie in ihrer ganzen Pracht bestaunen – auch wenn sie immer noch von *neun Drachenaugenpaaren* bewacht wird. Die Winkekatze jedenfalls wünscht uns Glück!

Mutianyu-Abschnitt der Chinesischen Mauer
Himmelstempel
Chinesisches Nationaltheater
Guanmiao-Pavillon im Jingshan-Park
Siebzehn-Bogen-Brücke
Neun-Drachen-Wand
Verbotene Stadt
Panjiayuan-Antikmarkt
Hochgeschwindigkeitszug
Jasmintee
Perlenmarkt
Erbsenmehlkuchen
Drachenboot-Fest
Winkekatze
Quingyan-Marmorboot
Zhajiangmian (Nudeln)
Dumplings
Tanghulu
Wu Yulus Roboter
Pekingente
Aiwowo
Go
Wassermelonenmuseum
Beijing Olympic Tower
Weiße Pagode
Olympisches Museum
Beihai-Park
Pflaumenblüte
Tischtennis

Chunar-Festung
Sarnath
Nepali-Tempel
Mulagandha Kuti Vihar
Kashi-Vishwanath-Tempel
Eingang des Vishalakshi-Tempels
Darbhanga Ghat
Dashashwamedh Ghat
Schiefer Tempelturm
Wunsch-kerzen
Ganges
Ganga-Aarti-Ritual
Pashmina
Sari-Herstellung
Varanasi-Markt
Blumenkränze
Sari
Holz-elefant
Armreifen
Henna-Tattoo
Morgen-Yoga

VARANASI

Lass uns in Begleitung charmanter Inderinnen in wallenden *Saris* eine *Fahrradrikscha* besteigen und durch Varanasi, eine der ältesten Städte der Welt, fahren. Sie bringt uns zu einem *Ghat* – Stufen führen hinab zum heiligen Fluss *Ganges*, in dem unbedingt alle baden möchten. Aber wieso liegt eine weiße *Kuh* mitten auf der Straße? Wir müssen warten, bis sie sich dazu durchringt, sich zu erheben und die staubige Straße freizumachen. Hier in Indien sind Kühe heilig.

BANGKOK

Geh auf eine Stadtrundfahrt in einem *Tuk-Tuk*! *Buddhas* – groß und klein, aus Stein, aus Gold oder aus Fleisch und Blut – sind in Bangkok daheim! Halte unterwegs unbedingt am *Floating Market* an. Wenn du mutig bist, kannst du neben frischem, gesundem Gemüse auch einen *Skorpionspieß* probieren, eine lokale Delikatesse.

Khao San Road
König-Rama-IX.-Park
Wat Paknam
Phasi Charoen
Baiyoke Sky Tower
Sri-Maha-
Mariamann-Tempel
Erawan-Museum
Thai-
Massage
Street-
food
Frittierter Skorpion
am Spieß
Tuk-Tuks
Wat Pho
Prunk-
barkasse
Wat Arun
Damnoen Saduak
Floating Market
Maeklong Railway Market
Schmetterlings-
erbsentee
Pad Thai
Mango-
Klebreis
Volcano
Drink
Tom Yum
Som Tam

Banyan-Feige
Ta Prohm
Romduol-Blume
Angkor Wat
Ta Som
Angkor Thom
Srah Srang (See)
Angkor-Seide
Kambodschanische Tänzer
Buddhistischer Mönch
Terrasse des Lepra-Königs
Fisch-Spa-Pediküre
Holzschnitzerei bei Artisans Angkor
Phnom-Bok-Tempel
Kbal Spean Wasserfall
Phare Zirkus-akrobaten
Khmer-Küchlein
Reiswein
Sombai
Siem Reap (Fluss)
Prahok Ktiss
Salat mit Roten Ameisen
Fisch-Amok
Lok Lak
Klebreis in Bambus

SIEM REAP

Tief im kambodschanischen Dschungel liegt die berühmte Tempelanlage *Angkor Wat*. Nicht weit davon steht eine geheimnisvolle Stadt namens Siem Reap, wo überall Wurzeln von Feigenbäumen zu sehen sind. Sie reichen allerdings nicht bis zu den *Holzhütten* im Fluss. Die einheimischen Fischer essen entspannt ihren *Salat mit Roten Ameisen,* während sie eine *Fisch-Spa-Pediküre* genießen.

HOI AN

Eine blühende Stadt voller *Lotusblumen*, in der flinke *Schwalben* durch die Wolken schießen und Boote voller bunter Laternen sanft am Altstadtufer vorbeigleiten. Jeder vietnamesische *Fischer* kennt Hoi An. Warum also nicht dort angeln gehen? Es wäre aber auch toll, wenn du bei der Reisernte auf den nassen Feldern helfen könntest – du darfst dabei gerne *Flip-Flops* tragen! Dafür wirst du dann vielleicht mit einem Ritt auf einem *Wasserbüffel* belohnt ...

Papier-
laternen
Pho Bo
Cao Lâu
Grüner Tee
Zuckerrohr-
saft
SUP bei Sonnenuntergang
Eiskaffee
Phuoc-Lam-Pagode
Tänzer
Bánh Mì
Phuoc Kien
(Versammlungshalle)
Sommerrollen
Gebratener
Thunfisch
White Rose Dumplings
Altstadt
Japanische
Brücke
Fahrrad-
Rikscha
Radfahren
Tra Nhieu
(Fischerdorf)
Thu Bon (Fluss)
Tempelglocken
im Hoi An Museum
Wasserpuppentheater
Bay Mau
(Kokosnusswald)
Reisfelder
Büffel-
reiten
Lotus-
blume

KYOTO

Ist das wirklich kein Traum? Es ist, als wäre man inmitten eines *Japanischen Gartens* … Charmante *Geishas* trippeln in niedlichen Schühchen den *Philosophenweg* entlang, sanft seufzend im Luftzug ihrer *Fächer*: „Wie schön ist die *Kirschblüte*!“ Unterdessen üben die *Samurai* das Balancieren einer Teetasse auf der Spitze eines Katana-Schwerts. Der Gewinner bekommt sicherlich eine riesige Portion *Ramen*.

Onsen
Minami-za
Theater
Kiyomizu-dera-
Tempel
Toji-
Tempel
Byodo-In-Tempel
Sushi
Kirschblüte
Nama-Fu
Ramen
Philosophen-
weg
Matcha-
dessert
Tee-
zeremonie
Koto, die Japanische Harfe
Samurai
Ninja
Kiyomizu Yaki
Matchatee
Fushimi Inari-Taisha
(Schrein)
Papier-
schirm
Yatsuhashi
Geisha
Torii-
Bögen

Three Sisters
Botanischer Garten Blue Mountains
Watson's Bay
Wollemie
North Head
Rugby
Kapitän James Cook
Wasseragame
Sydney Observatory
Gelbflossen-Thunfisch
Badu Mangroven
Pazifische Felsenaustern
Petersfisch
Koala Park
Fisch-markt
Taronga Zoo
Rathaus
Australische King Prawns
Paddington
Sydney Harbour Bridge
Hafen (Port Jackson)

SYDNEY

Besuche die ultramoderne australische Stadt Sydney und kehre später in Gedanken viele Male dorthin zurück – wie ein menschlicher *Boomerang*. Du wirst dich an Konzerte im *Opera House*, große *Segelschiffe*, saftigen *Avocadotoast* und das Schwimmen in einem *Pool* erinnern, dessen Wasserfläche in den Ozean übergeht. Ein kurzer Tauchgang bringt dich dorthin! Deine Sprungkünste kannst du im örtlichen *Zoo* trainieren. Ahme einfach die *Kängurus* nach!

Freiheitsstatue
Flatiron Building
Empire State Building
Chrysler Building
Schlittschuhlaufen auf der Eisbahn am Rockefeller Center
Thanksgiving
Central Park
Times Square
Streifenhörnchen
Waschbär
Greenwich Village
Federal Hall
Manhattan Bridge
St. Patrick's Cathedral
Cerealien
Milchshake
Hotdog
Food Truck
Harlem
Logo von Milton Glaser
I NY
Cronut
Club-Sandwich
New York Cheesecake
Hip-Hop
Amerikaner
Street Art
BRONX
Pastrami
Donuts

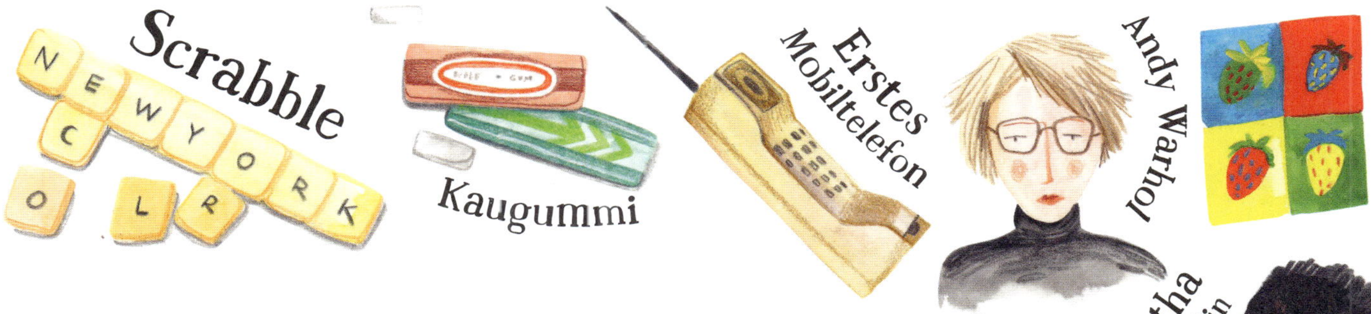

NEW YORK

Die Stadt, die niemals schläft … und die Lichter ihrer *Wolkenkratzer* tun es auch nicht. Wer will schon schlafen, wenn es so viel zu sehen gibt? Die *Wall-Street-Banker* sind auf dem Weg zum Meeting und haben kaum Zeit, ihre *Milchshakes* zu trinken. Und am Abend eilen sie dann zum *Broadway*, um ihr Lieblings-Musical anzuschauen.

Wilde Papageien am Telegraph Hill
Transamerican Pyramid
Maya Angelou
Jeans
Popsicles
Steve Jobs
Dolores Park
Erste Jukebox
Janis Joplin
Martini
Sillicon Valley
Hippie-Bewegung
Dungeness-Krabbe
Dahlie
Ballon-fahrten
San Francisco Botanical Garden
Oracle Park
Golden Gate Bridge
Osher Rainforest
Golden Gate Ferry
Fort Alcatraz
Maritime Historical Park

SAN FRANCISCO

Im geblümten *Hippiebus* flitzen wir wie eine Rakete über die *Golden Gate Bridge*! Juhu! Nein, Hilfe! Stop! Eine Fahrt die steile *Lombard Street* hinunter ist wie eine Achterbahnfahrt. *Bunte Ballons* wippen in der Luft. So viele erstaunliche Dinge kommen aus San Francisco – *Popsicles, Jeans* und die *Jukebox*, um nur ein paar zu nennen. So eine Umgebung inspiriert viele Menschen. Der Computer-Zauberer *Steve Jobs* ist ein typisches Beispiel.

VANCOUVER

Im Schweiße unseres Angesichts paddeln wir mit dem *Kajak* durch Vancouver in Kanada, dem Land der *Ahornblätter*, zu *Bibern*, Ottern und leckerem *Ahornsirup*. Dann, nach einer kleinen Erfrischung, schnappen wir uns unsere *Skier* und sausen, so schnell wir nur können, den *Grouse Mountain* hinunter! Doch da werden wir von einem *Hundeschlitten* überholt. Wer wird wohl als Erster den *Totempfahl* erreichen?

The Lions
Ahornblätter
Ahornsirup
Canada Place
West End
Science Museum
Queen Elizabeth Park
Rathaus
Marine Building
Leuchtturm am Brockton Point
Aquabus
SkyBridge nach Richmond
GRANVILLE ISLAND PUBLIC MARKET
SkyTrain
Granville Island
Granville Street Bridge
Otter
Biber
Stinktier
Seilbahn Sea to Sky
Brittania Mine Museum
Skifahren am Grouse Mountain
Hundeschlitten
Lumberman's Arch
Angeln
Capilano Suspension Bridge

NEW ORLEANS

Die Stadt New Orleans liegt an den gewundenen Ufern des *Mississippi*, mitten in *Sümpfen*, in denen furchterregende *Alligatoren* leben. Hier liegt die Wiege des Jazz. Lausche der Musik von *Louis Armstrong* und sing mit: Ba-ba-ba-boo-da-boo-ba. Selbst die *Cocktails* tanzen in ihren Gläsern zum Rhythmus von Louis' *Trompete* …

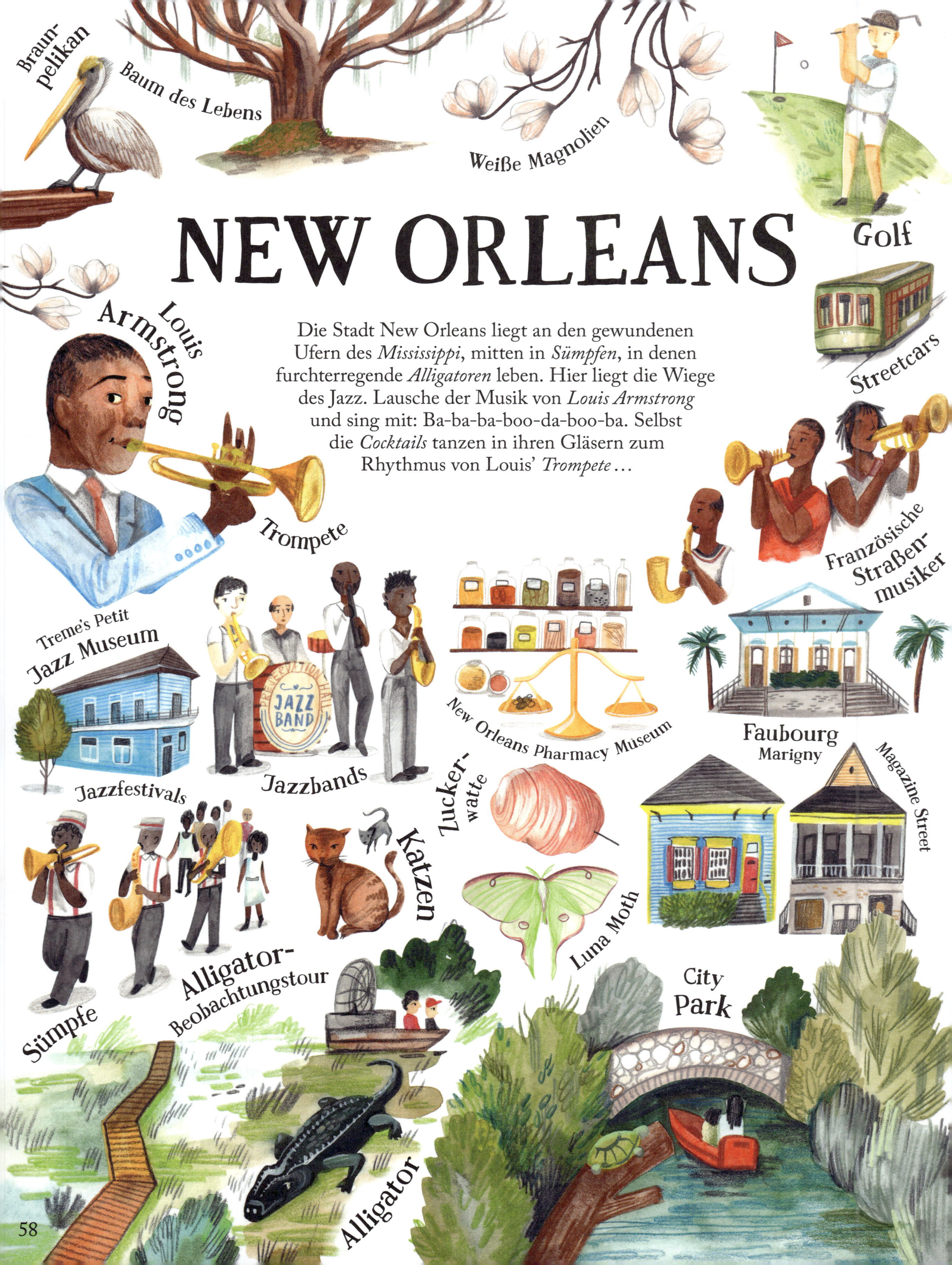

Mardi-
Gras-Masken
Mardi-Gras-
Umzug
New Orleans King Cake
Dampfschiff Natchez
NATCHEZ
Mississippi
Garden
District
Cocktails
Beignets
Hermann-Grima
House
Langusten
Barbecue Shrimps
New Orleans Muffaletta
St. Louis
Cathedral
Congo Square
Honey Island
(Sumpf)
New Orleans
Snowball
Louisiana
State
Museum
Chalmette
Battlefield
French
Quarter

Museo Mural Diego Rivera
Margarita
Tacos
Schokolade
Colonia
San Rafael
Quesadilla
Museo de Arte
popular
Frida
Kahlo
Churros
La Ciudadela
(Kunsthandwerksmarkt)
Museo
Frida Kahlo
Alameda Central
(Park)
Tamales
Tag
der Toten
Alte und Neue
Basílica de Nostra Señora
de Guadalupe
Museo de Arte Moderno
Mexikanische Tänzer
Casa de
los Azulejos
Palacio de los
Deportes
Palacio de
Bellas Artes
Dahlie
Zócalo
(Platz)
Iglesia de
San Francisco
Torre Latino
Ruinen des Templo Mayor
und der Großen Pyramide

MEXICO CITY

Die Stadt mit Gärten voller stacheliger *Kakteen* und superscharfer *Chilischoten* wurde auf den Ruinen eines aztekischen *Tempels* erbaut. Hörst du die *Gitarren*? Hier spielt eine *Mariachi-Band*, deren mitreißende Melodien den *Tag der Toten* begleiten. Vielleicht erwecken sie ja die berühmte Malerin *Frida Kahlo* oder ihren Mann *Diego* wieder zum Leben!

RIO DE JANEIRO

Auf zum *Karneval*! Und zwar nach Rio, wo die Federn der zahlreichen *Tukane* ebenso farbenfroh leuchten wie die Kostüme der ausgelassenen Tänzerinnen. *Samba* ist hier der beliebteste Tanz. Er hat afrikanische Wurzeln und lässt keinen kalt. Tanze Samba, die Schritte sind einfach! Und dann, nach einem durchtanzten Tag, ist köstliches *Kokoswasser* der allerbeste Durstlöscher.

Drachenfliegen
Zuckerhut
Seilbahn zum Zuckerhut
Sightseeing mit dem Hubschrauber
Christo Redentor (Christusstatue)
Felsenklettern
Nationalpark Tijuca
Lagune Rodrigo de Freitas
Las Etnias (Wandbild von Eduardo Cobra)
Rocinha Favela
Paulo Coelho
ALCHEMIST
Parque Lage Villa
Kokosnusswasser
AquaRio Aquarium
Theatro Municipal (Opernhaus)
Caipirinha
Selaron-Stufen
Yerba-Mate
Açaí-Bowl
Churrasco
Brigadeiro
Surfen
Copacabana (Strand)

Titel der Originalausgabe: Malovaná města

Author: Jana Sedláčková
Illustrator: Magdalena Konečná

Für die deutsche Ausgabe
Übersetzung:, Lektorat, Korrektorat, Satz: red.sign, Stuttgart
Produktmanagement: Melissa Behnke, Stephanie Iber

1. Auflage 2024

ISBN 978-3-7358-5309-7 · Best.-Nr. 25309